ИСТОРИК-МАРКСИСТ ПЁТР СТЕПАНОВИЧ ДРОЗДОВ

(1900-1937)

Lulu Publishing Services

© 2016 – **A.U. Igamberdiev**

All rights reserved. No part of this publication may be reproduced or transmitted in any form or by any means electronic or mechanical, including photocopy, recording, or any information storage and retrieval system, without permission in writing from both the copyright owner and the publisher.

Published in Canada

ISBN: 978-1-365-43928-5

Об авторах

Абир (Андрей) Убаевич Игамбердиев родился в Алма-Ате, долгое время жил в Воронеже. В настоящее время живёт и работает в Канаде, профессор биологии в Университете Ньюфаундленда (Memorial University of Newfoundland). А.У. Игамбердиев – внук Фёдора Андреевича Дашкова, друга Петра Степановича Дроздова.

Фёдор Андреевич Дашков (1900-1983) работал учителем в сельских школах Касимовского района Рязанской области, был директором школы в селе Перво. Воспоминания о детстве П.С. Дроздова, написанные Ф.А. Дашковым, составляют вторую часть книги.

О книге

В книге представлены очерк о профессоре истории Петре Степановиче Дроздове, репрессированном в 1937 году, и воспоминания его друга Фёдора Андреевича Дашкова.

Содержание

А.У. Игамбердиев. Историк-марксист Пётр Степанович Дроздов (1900-1937), очерк жизни и деятельности

– 5 –

Ф.А. Дашков. Воспоминания о детстве Петра Дроздова

– 17 –

Титульный лист книги П.С. Дроздова, автографы, письмо Ф.А. Дашкову

– 27 –

А.У. Игамбердиев

ИСТОРИК-МАРКСИСТ ПЁТР СТЕПАНОВИЧ ДРОЗДОВ (1900-1937)

очерк жизни и деятельности

Из всех друзей молодости мой дедушка Фёдор Андреевич Дашков чаще всего вспоминал Петра Дроздова. Это был лучший ученик в классе, что было официально признано по окончании духовного училища (в советское время подчёркивали: «несмотря на происхождение из простой семьи»). Судя по рассказам дедушки, Петр был ярким, умным и честолюбивым мальчиком, умевшим постоять за себя. Например, обидевшись на учителя священной истории за низкую оценку, он уговорил мальчиков нарушить установленный порядок во время пения на клиросе. Учитель был сильно возмущён, но постарался уладить дело миром. Повзрослев, Петр твёрдо решил, что станет профессором. Он говорил Фёдору Дашкову: «Ты мог бы стать выдающимся драматическим актёром, но ты им не станешь, потому что ты не стремишься ставить перед собой цели и их добиваться, а я стану профессором, потому что умею добиваться поставленных целей». Петр Дроздов выбрал историю. В то время ему, как и многим, казалось, что строится передовое общество, невиданное прежде.

Петр Дроздов родился 5 июля 1900 года (т.е. он был на четыре месяца моложе дедушки) в деревне Бобры (была такая деревня по направлению к Туме, возможно также, что это деревня Ивановской области) в семье приказчика фабрики. После революции работал агитатором в губернском военкомате, учителем начальной школы в Касимовском уезде. С 1919 г. Дроздов — преподаватель политграмоты и обществоведения Калужских пехотных командных курсов, Московской военно-технической школы, военной школы им. ВЦИК, высшей военно-педагогической школы. Преподавательскую деятельность дополняли учёба на факультете общественных наук МГУ, а с 1925 г. – в Институте Красной Профессуры. По окончании института Дроздов был назначен заведующим кафедрой истории СССР Комуниверситета им. Я.М. Свердлова. Он был заместителем главного редактора журнала «Историк-марксист». Его первым редактором был М.Н. Покровский (1930-1932), затем Н.М. Лукин (1933-1938), затем Е.М. Ярославский (1938-1941). Этот журнал выходил также под названием «Борьба классов», «Исторический журнал», а под названием «Вопросы истории» он выходит и в настоящее время.

На страницах этого журнала П.С. Дроздов выступил с критикой Михаила Николаевича Покровского (1868-1932). Тогда это был официальный авторитет, его имя некоторое время носил Московский университет. В.И. Ленин высоко ценил Покровского, он писал: «В комиссариате просвещения есть два – и только два – товарища с заданиями исключительного свойства. Это – нарком, т. Луначарский, осуществляющий общее руководство, и заместитель, т. Покровский, осуществляющий руководство, во-первых, как заместитель наркома, во-вторых, как обязательный советник (и руководитель) по вопросам научным, по вопросам марксизма вообще». С середины 1920-х до середины 1930-х Покровского считали, по выражению А.В. Луначарского, «обворожительным героем революции». За ним признавались достижения в осмыслении русского исторического процесса на основе марксистской методологии, в сфере организации марксистской исторической науки, активном воспитании первого поколения ученых-марксистов. Таким М.Н. Покровский был охарактеризован в статьях А.В. Луначарского, Н.И. Бухарина, Н.К. Крупской, В.Д. Бонч-Бруевича (см. Артизов, 1994).

П.С. Дроздов критиковал М.Н. Покровского еще при его жизни, в конце 1920-х годов, за его вульгарный экономический подход к истории, объявлявшийся им единственно марксистским. Вместе с тем, П.С. Дроздов был чужд национализма, что привело по иронии истории к причислению его к школе Покровского в 1930-е годы, когда уже началась одобренная сверху широкая кампания против Покровского. Она стартовала с опубликования 27 января 1936 г. в газетах «Правда» и «Известия» официального сообщения «В Совнаркоме Союза ССР и ЦК ВКП(б)». В постановлении ЦК ВКП(б) и СНК СССР от 26 января 1936 г. указывалось на то, что «среди некоторой части наших историков, особенно историков СССР, укоренились антимарксистские, антиленинские, по сути дела ликвидаторские, антинаучные взгляды на историческую науку. Совнарком и ЦК ВКП(б) подчеркивают, что эти вредные тенденции и попытки ликвидации истории как науки, связаны в первую очередь с распространением среди некоторых наших историков ошибочных исторических взглядов, свойственных так называемой "исторической школе Покровского"». Представителями «школы» были объявлены активные критики Покровского при его жизни молодые историки Э.Я. Газганов, А.И. Ломакин и П.С. Дроздов, постоянно выступавший против него Сергей Андреевич Пионтковский (дядя известного политолога), П.И. Анатольев, В.З. Зельцер, П.П. Парадизов.

Павел Николаевич Милюков, министр иностранных дел Временного правительства, в статье «Величие и падение Покровского (Эпизод из истории науки в СССР)» (опубликована в журнале «Вопросы Истории» 1993. N 4. С. 114-126) упоминает П.С. Дроздова:

> Бедный Покровский! ... Сколько раз он каялся, отказывался от своих прежних взглядов, осуждал свой «экономический материализм», отрясал прах от своих предшественников, – даже от самой науки, доказывая, что не может быть вообще «объективной» исторической науки, напрасно он отдал свою науку на служение коммунистической партии, признал даже, что «настоящий марксизм допускает очень сильное вмешательство политического момента во всех стадиях развития». Все это было поздно.
>
> А его «школа»? Еще в 1929 году А. Шестаков в «Новом мире» восторгается председательствованием «воинствующего историка» на многолюдном съезде «всесоюзной конференции историков-марксистов», в противоположность съезду буржуазных историков в Осло. Здесь наперерыв углубляют грань между «ними» и «нами» и объявляют «борьбу с чуждыми марксизму и классово-враждебными пролетариату идеологиями и их пережитками, в чем бы они ни состояли и кто бы их ни распространял». А немедленно по смерти Покровского становятся жертвами этой широкой формулы сами участники марксистского съезда – «ученики

Покровского» вместе со своим учителем. Некий П. Дроздов в «Правде» (27 марта 1937 г.) объявляет их уже прямо «двурушниками, взаимно покрывающими и поддерживающими друг друга и проводившими подлую вредительскую работу, широко пользуясь слепотой, ротозейством и идиотской болезнью – беспечностью некоторых историков-коммунистов».

По всей видимости, статья в «Правде» (очевидно, поддержанная кем-то из представителей власти) была последней попыткой П.С. Дроздова утвердить себя как историка-марксиста.

Ко времени ареста П.С. Дроздова ушли в прошлое бурные дискуссии, в том числе и среди самих историков-марксистов, исчезло разнообразие форм и структур научных объединений, прекратилась широкая публикация источников и научных трудов. Документом, показывающим атмосферу того времени, является стенограмма отчета руководителей исторических журналов в ИКП истории на Остоженке. Стенограмма хранится в фонде партийной организации ИКП истории Партийного архива Научного и информационного центра политической истории Москвы (ф. 474, оп. 1, д. 102, л. 154—209). Ее публикацию подготовили А. Н. Артизов и В.Н. Черноус. Вот выдержка из выступления Н.М. Лукина (редактор журнала «Историк-марксист», директор Института истории АН СССР, академик, двоюродный брат Н.И. Бухарина, годы жизни 1885-1940):

> Вы знаете, что в «Историке-марксисте» некоторое время бесконтрольно хозяйничали враги народа Фридлянд, Далин, Фролов, входящие в состав его редакции, заведующие различными его отделами, и в частности отделом критики, библиографии и хроники. С другой стороны, в журнале за последние два года помещались статьи врагов народа Пионтковского, Ванага, Томсинского, Тихомирова, арестованных впоследствии органами НКВД. Эти подлые двурушники идеологически обслуживали шпионско-диверсионную вредительскую работу троцкистов. Это,

по выражению тов. Сталина, оголтелая, беспринципная банда вредителей-диверсантов, шпионов, убийц, действующих по заданиям разведывательных органов иностранных государств.

Но и после ареста врагов народа редакция «Историка-марксиста» не учла этого горького опыта, не учла и сигнала, не перестроилась вовремя. Ответственный редактор и его заместитель тов. Дроздов уделяли недостаточно времени журналу. ... Ну вот взять хотя бы программную статью Дроздова «Решение партии и правительства об учебниках по истории и задачи советских историков». Статья программная, ответственная, помещенная в 1 номере нашего журнала за 1936 год. ... В этой статье Дроздов, с одной стороны, говорит, и вполне правильно это утверждает, что М.Н. Покровский никогда не был настоящим марксистом, что до конца своих дней он не овладел марксистско-ленинской методологией, а с другой стороны, в этой же статье утверждает, что Покровский, выполнил задачу разгрома буржуазно-помещичьей концепции русской истории. Выходит, что человек, который не овладел марксизмом, мог разгромить до конца буржуазно-помещичью концепцию, – и как будто бы нам здесь с вами и делать нечего, тогда как совершенно очевидно, что именно потому, что Покровский не овладел марксистско-ленинским методом, именно потому, что он стоял на точке зрения возможности объективной марксистской истории, именно потому, что он стоял на точке зрения социологизирования и часто игнорировал конкретный исторический материал в своих работах или привлекал его частично, [он] именно не мог до конца разгромить буржуазно-помещичью концепцию русской истории. И в той же статье говорится, что Покровский выступил против этой буржуазно-помещичьей историографии во всеоружии. Опять неточность, опять неряшливая формулировка, потому что, если он не овладел марксистским методом, он не мог во всеоружии выступить против буржуазной историографии.

Как пишет А.Н. Артизов (1994),

> активная критика Покровского, организация писем против него в ЦК ВКП(б) дорого стоила Дроздову. По его словам, на общем партсобрании институтов красной профессуры 16 марта 1937 г., "меня до 1934 г. не пускали на страницы исторических журналов". В дни, когда хоронили Покровского, Дроздова отправили в Свердловск заместителем директора местного института марксизма-ленинизма. Лишь в сентябре 1934 г. в связи с подготовкой новых учебников по истории и вопреки мнению лиц из ближайшего окружения Покровского Дроздов был возвращен в Москву и работал заведующим кафедрой истории СССР ИКП истории и заместителем заведующего кафедрой истории Высшей школы пропагандистов при ЦК ВКП(б).
> Обвинения в "двурушничестве и троцкизме" Дроздова впервые открыто прозвучали на партийных собраниях в апреле 1937 года. Арест произошел спустя два месяца. Дальше — трехмесячное следствие, утвержденное Вышинским обвинительное заключение, закрытое судебное заседание Военной коллегии Верховного Суда СССР. В день вынесения приговора 2 ноября 1937 г. Дроздов был расстрелян.

Дедушка всегда думал, что Петр Дроздов умер где-нибудь на Колыме. Он говорил, что к преследованию Дроздова приложил руку некий Зорин. Дедушка также вспоминал, что в Свердловске, в результате неудачно проведенной операции по удалению гланд, скончалась жена П.С. Дроздова, совсем вскоре после начала их семейной жизни. Вот что мы находим на сайте «Репрессированные профессора»:

> Дроздов Петр Степанович (1900, Иваново-Вознесенская губ., д. Бобры – 1937.11.02), русский, образование: высшее, член ВКП(б) зав. кафедрой истории СССР в Институте красной профессуры,

профессор, житель: Москва: Тружеников пер, д. 4, кв. 58. Арест: 1937.07.26 Осужд. 1937.11.02 Военная коллегия Верховного суда СССР. Обв. по обвинению в участии в антисоветской террористической организации правых и вербовке в организацию новых членов. Расстр. 1937.11.02. Место расстрела: Москва, Донское кладбище. Реаб. 1957.06.15 ВКВС СССР., основание: реабилитирован [Москва, расстрельные списки – Донской крематорий]. Здесь же приводится список 140 профессоров и докторов наук, расстрелянных в г. Москве. Места захоронения: Яузская больница (1), Ваганьковское кл. (8), Бутово (9), Донской монастырь (44), «Коммунарка» (78). Данные основаны на материалах НИПЦ «Мемориал» (http://www.memo.ru). Список носит предварительный характер, работа по выявлению ученых, погибших в Москве, продолжается. К настоящему времени известно, что на 94 из этих 140 ученых были получены расстрельные санкции Сталина, Молотова и др. членов Политбюро. Причем для периода 1937-38 почти все профессора проходили через подписи членов Политбюро (все тела этих ученых направлялись для захоронения в крематорий Донского монастыря или на территорию совхоза «Коммунарка»). Данные о расстрельных санкциях приводятся на основе публикации списков в электронном виде на диске «Сталинские расстрельные списки», выпущенным «Мемориалом» и Архивом Президента РФ (М.: Звенья, 2002).

Андрей Николаевич Артизов пишет, что биография П.С. Дроздова является типичной для многих историков-марксистов того времени, только критика концепции Покровского на рубеже 20-30-х годов придает ей некоторое своеобразие (Артизов, 1994). Далее он отмечает: «именно политическая активность, а если говорить конкретно — подчинение научной деятельности политической линии тогдашнего партийно-государственного руководства во главе со Сталиным, сыграли роковую роль в судьбе историков-марксистов. Оказавшись среди творцов такой политики, они стали затем ее жертвами».

Очень жаль, что яркий и талантливый человек, рано ставший профессором, так трагически окончил свою жизнь. Учебник новой истории (1929), который Дроздов подарил дедушке, написанный простым языком для рабфаков, техникумов и военных школ, содержит упрощенное изложение складывавшегося тогда марксистского понимания истории, с цитатами Ленина, Бухарина, Зиновьева, Каменева и других деятелей (Троцкий тогда был уже в опале и с 1929 года – в изгнании).

В книгу вложено письмо следующего содержания:

Милый Федя!
Не сердись на меня, дорогой мой, что тебе пришлось мне напомнить о моем долге прислать тебе книгу. Я, ведь, обещал это сделать и все время помнил обещание, но когда книга вышла, я забыл твой адрес и, виноват перед тобой, не принял достаточно энергичных мер, чтобы адрес узнать. Нынешней осенью я был в Касимове, пытался тебя увидеть, но обстоятельства сложились так, что я не смог этого сделать. Может быть, летом буду в Касимове и тогда приму все меры, чтобы с тобой встретиться. Страшно хочется поболтать с тобой, вспомнить старину. Может быть, ты весной все-таки вздумаешь посмотреть Москву, тогда приезжай прямо ко мне.
Крепко жму твою руку.
20/11/29 г <Подпись>
Пиши о своем житье-бытье.
Я живу сносно. Работаю в Университете им. Свердлова. Состою там профессором русской истории.

Помимо подписи: «Дорогому товарищу и другу Ф.А. Дашкову на добрую память о незабвенных днях нашего детства и юности, о наших мечтах, увлечениях, спорах и шалостях от автора. 20/11/29 <подпись>», П.С. Дроздов написал строчки из стихотворения Иннокентия Омулевского и приписал над ними «Ф.А. Дашкову»:

Светает, товарищ! Работать давай!
Работы усиленной требует край!
Работы руками, работы умом,
Работы без отдыха ночью и днем!

<в оригинале: «работай» в двух последних строчках>

Ирония состоит в том, что Омулевский (псевдоним Иннокентия Васильевича Федорова) был просветителем, боровшимся за «американский» путь развития России. Его роман «Шаг за шагом» имел центральной идеей то, что идти шаг за шагом – не значит плестись, напротив, это значит решительно и неуклонно идти к своей цели без скачков. Известное стихотворение, из которого взяты строки, написано в 1867 году. Можно вспомнить и знаменитое стихотворение Александра Блока 1913 года «Новая Америка», описывающее начало пути России, который не реализовался. Моя бабушка вспоминала разговоры в 1912-1913 годах, когда люди говорили, что при существовавших темпах экономического развития в России скоро не останется ни одного дома с соломенной крышей. Но реализовались «Скифы», то есть путь азиатской деспотии периода ранних государств, и модернизация, осуществлявшаяся на этом пути, в конечном итоге привела страну к тому, что мы имеем сейчас. Размышлял ли об этом в последние дни Петр Дроздов или думал, что он оказался случайной жертвой в результате нелепой исторической ошибки, мы никогда не узнаем.

ЛИТЕРАТУРА

Артизов А.Н. Судьбы историков школы М.Н. Покровского (середина 1930-х годов) // Вопросы истории. - 1994. - N 7. - С.34-48

Дроздов П. Очерки по истории классовой борьбы в Западной Европе и в России в XVIII-XX веках. Учебник для рабфаков, техникумов и военных школ. Издание четвертое. Допущено Военно-Политической Секцией Государственного Ученого Совета. «Работник Просвещения». Москва, 1929.

Дроздов П. Решение партии и правительства об учебниках по истории и задачи советских историков // Историк-марксист. 1936. № 1.

Дроздов П. Историческая школа Покровского // Правда. 1937. 28 марта.

Ф.А. Дашков

ВОСПОМИНАНИЯ О ДЕТСТВЕ ПЕТРА ДРОЗДОВА

ВВЕДЕНИЕ

На моем столе лежит книга Петра Степановича Дроздова «Очерки по истории классовой борьбы в Западной Европе и в России в XVIII-XX веках. Учебник для рабфаков, техникумов и военных школ. Москва, 1929». Книга подписана: «Дорогому товарищу и другу Ф.А. Дашкову на добрую память о незабвенных днях нашего детства и юности, о наших мечтах, увлечениях, спорах и шалостях от автора. 20/11/29. П. Дроздов».

На другой странице написано:

Ф.А. Дашкову:

Светает, товарищ! Работать давай!
Работы усиленной требует край!
Работы руками, работы умом,
Работы без отдыха ночью и днем!

В книгу было вложено и небольшое письмо, в котором автор извиняется, что не выслал мне первое издание своего труда и сообщил, что работает в Москве в университете имени Свердлова профессором истории.

Эта книга является для меня очень большой ценностью и часто я беру ее в руки, в особенности теперь, на закате моей жизни. И у меня, народного учителя по своей профессии, появилось желание рассказать новому поколению нашей страны, как в условиях царской России талантливые люди из среды низшего сословия, начиная с раннего детства выбивались к свету и получению знаний, к общечеловеческой высокой культуре, и почему большинство из этих талантливых людей связали с юности свою жизнь с коммунистическими идеями и отдали за них свою жизнь. Примером этого закономерного явления может служить жизнь и деятельность удивительно одаренного, талантливого от природы человека, моего замечательного друга Петра Степановича Дроздова, который уже в 26 лет сделался профессором истории и достиг бы еще большего в области знания истории, литературы, искусства или в других науках, если бы жизнь его не оборвалась внезапно и трагически. В 1937 году он стал жертвой преступной клеветы, был посмертно реабилитирован.

НЕСКОЛЬКО СЛОВ ОБ ОБРАЗОВАНИИ В ЦАРСКОЙ РОССИИ

В России до революции существовало несколько видов учебных заведений повышенного типа. В некоторых из них могли учиться только дети привилегированных сословий – дворян, купцов и духовенства. Для них в городе Касимове существовали две гимназии – мужская и женская – и духовное училище. Кроме того, для детей низших сословий существовало городское училище и техническое училище, в которых могли учиться дети мещан, ремесленников и рабочих, если им позволяли средства. Для детей крестьян, желающих получить повышенное образование, кое-где существовали второклассные церковно-учительские школы или ремесленные школы, например, в селах Перво, Карамышево и Сеитово. В селе Большой Кусмор Елатомского уезда была второклассная церковно-учительская школа для девочек.

Царское правительство ставило своей целью давать высшее образование только привилегированным сословиям. С этой целью оно очень хитроумно построило учебные программы во всех существовавших в то время учебных заведениях. В высшие учебные заведения принимались только лица, имевшие законченное среднее образование с аттестатом зрелости. А аттестат зрелости выдавался только лицам, окончившим средние учебные заведения, в которых изучались древние языки – латинский и греческий, и какой-либо из современных – французский или немецкий. Кроме того, за обучение в средних учебных заведениях полагалась плата. Более высокая она была в гимназии и в нее принимали только детей привилегированных сословий, несколько ниже была плата за обучение в духовном училище и в него в случае вакантных мест принимали детей из «прочих», т.е. низших сословий. Принять в первый класс было можно 30-

32 человека, а поступало детей духовенства в среднем 25 человек (иногда 15), поэтому недостающее количество учеников принимали из детей мещан и крестьян. В духовном училище, как и в мужской гимназии, изучались древние языки, а продолжением духовного училища была духовная семинария, где дополнительно изучались и новые языки, и, таким образом, после окончания семинарии учащийся мог сдавать экзамен на аттестат зрелости и ему разрешалось поступать в любой институт или университет. Во всех других учебных заведениях повышенного типа древние языки почти нигде не изучались и вот, выражаясь аллегорически, пользуясь этими «угольными ушками», некоторые более развитые мальчики из детей «прочих» поступали учиться в духовное училище в том случае, конечно, если отец мог при всей своей строжайшей экономии аккуратно вносить деньги за право обучения сына. К тому же нужно заметить, что в духовном училище не обязательна была форма, как это было в гимназии. Запрещалось только ходить в лаптях. Приготовление же гимназической формы из сукна определенного цвета и определенного фасона стоило очень дорого. Таким образом, получить высшее образование в университете или институте можно было детям крестьян и рабочих только через обучение в духовном училище и духовной семинарии, так как учиться в гимназии было невозможно по дороговизне, да и принимали в нее детей «прочих» как исключение. Вакантными в духовном училище оказывались места и потому, что священники города и уезда, как более зажиточные люди, за последнее время стали отдавать своих детей не в духовное училище, а в гимназию, так как некоторые из духовных отцов не желали своих детей готовить к своей профессии, и к тому же в гимназии их дети приобретали знакомство с детьми дворян, крупных купцов, а это тоже было важно в устроении жизни в то время. А духовное училище было более демократичным.

В связи с указанными обстоятельствами, в 1911 году в первый класс Касимовского духовного училища поступило 30 мальчиков, из них поступило несколько ребят и из «прочих» детей – рабочих, ремесленников, крестьян, сельских учителей, приказчиков, мелких торговцев, мельника, кузнеца – людей, располагавших самыми скудными средствами для обучения своих детей, а их дети были без исключения способные, старательные и трудолюбивые. Почти все они учились лучше ребят из духовного сословия. Среди поступивших в 1911 году был и мальчик Петя Дроздов.

КАК И ПОЧЕМУ СЛОЖИЛАСЬ НАША ДРУЖБА

Наша дружба началась с простой случайности. В то время рассаживали учеников на парты не так, как теперь, глядя на рост, слух, зрение и т.п. Тогда это проще дело делалось. По алфавиту нас рассаживали. И вот на одну трехместную парту были посажены Дашков, Добычин, Дроздов. Добычин был в середине между нами, но Дроздов оказался более общительным мальчиком. Скоро мы узнали кое-что друг о друге. Вся семья Петра Дроздова живет в Занино-Починках. Отец работает приказчиком у помещиков Лаптевых. У него есть сестры. Они тоже учатся – в селе Большой Кусмор Елатомского уезда во второклассной женской учительской школе. Петю хотели отдать в гимназию, но у его отца было мало денег.

От меня Петя узнал, что я сын дьячка, старшая сестра Соня тоже учится в Кусморе в школе с его сестрами. Жили мы в интернате духовного училища. Денег у нас никогда не было, как у некоторых других ребят. Да они и не были нужны. Нам никогда не присылали ничего из дома, как другим. Отцы оплачивали сами общежитие и обучение. Питание было готовое, а оплату за питание тоже производили наши отцы. Когда мы познакомились, у Пети был гривенник, а у меня пятачок. Рядом с духовным училищем на площади торговали яблоками, и наши денежки скоро туда перекочевали, и мы жили уже без денег. В духовном училище мы проучились четыре года.

ЕГО ХАРАКТЕР, СПОСОБНОСТИ И ВЗГЛЯДЫ

Петя Дроздов был мальчиком очень способным по своей природе, но, очевидно, под влиянием домашних условий в своей семье, начальной школы и книг в духовном училище быстро пошло его умственное развитие. Можно сказать, что мальчиком он не был даже в десятилетнем возрасте, он всегда рассуждал как совершенно взрослый человек. Всегда он был чрезвычайно аккуратен, исполнителен и трудолюбив. До поступления в духовное училище он учился в земской начальной школе с четырехлетним обучением. Его учительницей была Екатерина Алексеевна Вишневская – очень умная, энергичная, начитанная и развитая женщина. Я познакомился с ней, когда уже был учителем. Она, безусловно, оказала влияние на его развитие, вызвала в нем интерес к знаниям, но и по своей природе, а это главное, он отличался исключительными способностями и трудолюбием.

С первого класса у него обнаружилась необыкновенная страсть к чтению. После обеда он всегда шел в класс, подготавливал уроки, выучивал наизусть, что задано, а наизусть нам приходилось заучивать всего много. И после этого вынимал книгу, клал ее перед собою на парту, обоими локтями упирался в парту, кистями рук затыкал уши, и в такой позе мог просиживать целые часы. Около него и бегали, и играли наши ребята, но этого он никогда не замечал, ничто его не отвлекало, а ребята никогда его не трогали и не мешали ему.

В первых двух классах он пользовался только своей школьной библиотекой. Прочитал он всех классиков – Гоголя, Пушкина, Лермонтова, Некрасова, Гончарова, Тургенева, Толстого – все, что было в библиотеке училища. Потом записался в городскую библиотеку. Оттуда стал приносить Жюль Верна, Майн Рида, Чехова, Фенимора Купера, Загоскина, Горького, да все и не перечесть. И часто мне он рассказывал прочитанное, я слушал его всегда очень внимательно. Сам я читал много меньше, не мог читать с такой быстротой, как он.

Играть, возиться, бегать, кататься на коньках и салазках он не любил, потому что на это нужно было время тратить, а он все отдавал его чтению. Но временами любил погулять, а на прогулку приглашал с собою меня. Большей частью мы ходили с ним по берегу Оки. Он мне рассказывал что-либо о прочитанном. Мы увлекались оба чтением стихотворений. В этом искусстве я побеждал его и он признавал это. Многие произведения наших поэтов мы выучили с ним наизусть и соревновались в этом. Под его влиянием я выучил «Песню о Соколе» Горького, «Песню про купца Калашникова» Лермонтова. Во втором и третьем классах он очень интересовался путешествиями и произведениями, главным образом, фантастического порядка, читал Жюль Верна, Майн Рида, Фенимора Купера и др. Часто мы спорили о прочитанном. «А как ты думаешь, полетят или нет со временем люди на Луну?» «Конечно, не полетят, – отвечаю я ему. – Хорошо говорить об этих выстрелах и писать об этом, а сделать это очень же трудно». «А я говорю, что полетят, обязательно полетят». И закинув назад голову и скосивши ее немножечко на правый бок и жестикулируя правой рукой, он начинает приводить доказательства в пользу своего предположения.

Он был очень честен, правдив, никогда не заискивал перед преподавателями и начальством школы и получал пятерки вполне заслуженно. За это его очень уважали. Очень памятен для меня один эпизод. Один раз, как-то случайно преподаватель (А.П. Лебедев) вызвал его отвечать урок второй раз в начале четверти, когда еще не были опрошены все ученики в эту четверть. Для каждого уже опрошенного ученика это было большой неприятностью. Дроздов не ожидал этого вызова, растерялся и не стал отвечать. Он был удивлен повторному вызову, кое-как ответить он не мог и замолчал. Учитель по священной истории поставил ему двойку. Это было большим удивлением для всего класса, скоро это событие разнеслось по всему училищу. Дроздов считался все время первым учеником и его очень уважали все ребята. Преподаватель понял, что напрасно так нехорошо подловил парня, но нужно было перед классом быть безукоризненно правдивым и поставил балл по заслуге.

«Коли так, – сказал мне мой друг, – я ему отомщу». И он действительно очень ловко выполнил свое желание. Всех учеников училища водили в Успенскую церковь ко всенощной в субботу вечером и в воскресенье утром к обедне. Ребята становились по установленному порядку одни на правый клирос в хор с регентом, другие на левый клирос, где помогали петь и читать дьячку, а все остальные, а их было, конечно, большинство, становились в середине церкви, ближе к алтарю. Весь этот порядок устанавливал этот преподаватель священной истории. И вот в ближайшую субботу на всенощном богослужении на левый клирос к дьячку не встал ни один ученик, а в воскресенье за обедней произошло то же самое. После обедни преподаватель священной истории, а он был помощником смотрителя и нашим главным воспитателем, прошел к ним в класс и начал производить допрос, почему никто из учеников не встал на левый клирос в субботу за всенощной и в воскресенье за обедней. Каждый опрошенный отвечал как по трафарету: «Все не встали, а поэтому и я также». Дроздова он об этом не спросил, но он, конечно, понял, что было причиной этого дела. В понедельник на уроке священного писания преподаватель первым вызвал отвечать по заданному уроку Дроздова. Дроздов ответил как всегда прекрасно. Преподаватель поставил ему пятерку, похвалил его и предсказал большую будущность, но только в том случае, если он будет всегда послушным и исполнительным. На следующую субботу все ученики, назначенные становиться на левый клирос, встали на свое место. Так был исчерпан этот конфликт.

С нашей современной точки зрения это событие надо назвать забастовкой. Организатором ее был Дроздов. Все ученики училища проявили к нему большое товарищеское сочувствие. Это преподаватель, конечно, понял. Он был человек чрезвычайно вспыльчивый, но справедливый. И он как педагог все понял. Ведь его внезапный вызов Дроздова отвечать урок был несправедлив. Оскорбленное самолюбие Дроздова побудило его как-то по-детски преподавателю отомстить. Нужно заметить, что мы все проявили к Дроздову очень большое сочувствие: мы его уважали и поэтому организованно и выполнили, что кому было поручено.

Взгляды Дроздова на окружающую жизнь складывались под влиянием всей семейной обстановки, всего уклада жизни крестьян, с которыми всегда соприкасался его отец, и под влиянием прочитанной литературы. Любимыми писателями и поэтами его были в то время Некрасов, Никитин и Кольцов, Тургенев, Гончаров. Он очень ценил Пушкина и Лермонтова, но они не изображали в своих произведениях наши бытовые крестьянские думы, настроения, наше подневольное житье-бытье.

ТИТУЛЬНЫЙ ЛИСТ КНИГИ П.С. ДРОЗДОВА, АВТОГРАФЫ, ПИСЬМО Ф.А. ДАШКОВУ

(Фотографий П.С. Дроздова в архивах Ф.А. Дашкова я не обнаружил)

П. ДРОЗДОВ

ОЧЕРКИ ПО ИСТОРИИ
КЛАССОВОЙ БОРЬБЫ В ЗАПАДНОЙ ЕВРОПЕ и В РОССИИ В XVIII—XX ВЕКАХ

УЧЕБНИК ДЛЯ РАБФАКОВ, ТЕХНИКУМОВ И ВОЕННЫХ ШКОЛ

ИЗДАНИЕ ЧЕТВЕРТОЕ

Допущено Научно-Политической Секцией
Государственного Ученого Совета

«РАБОТНИК ПРОСВЕЩЕНИЯ»
МОСКВА   1929

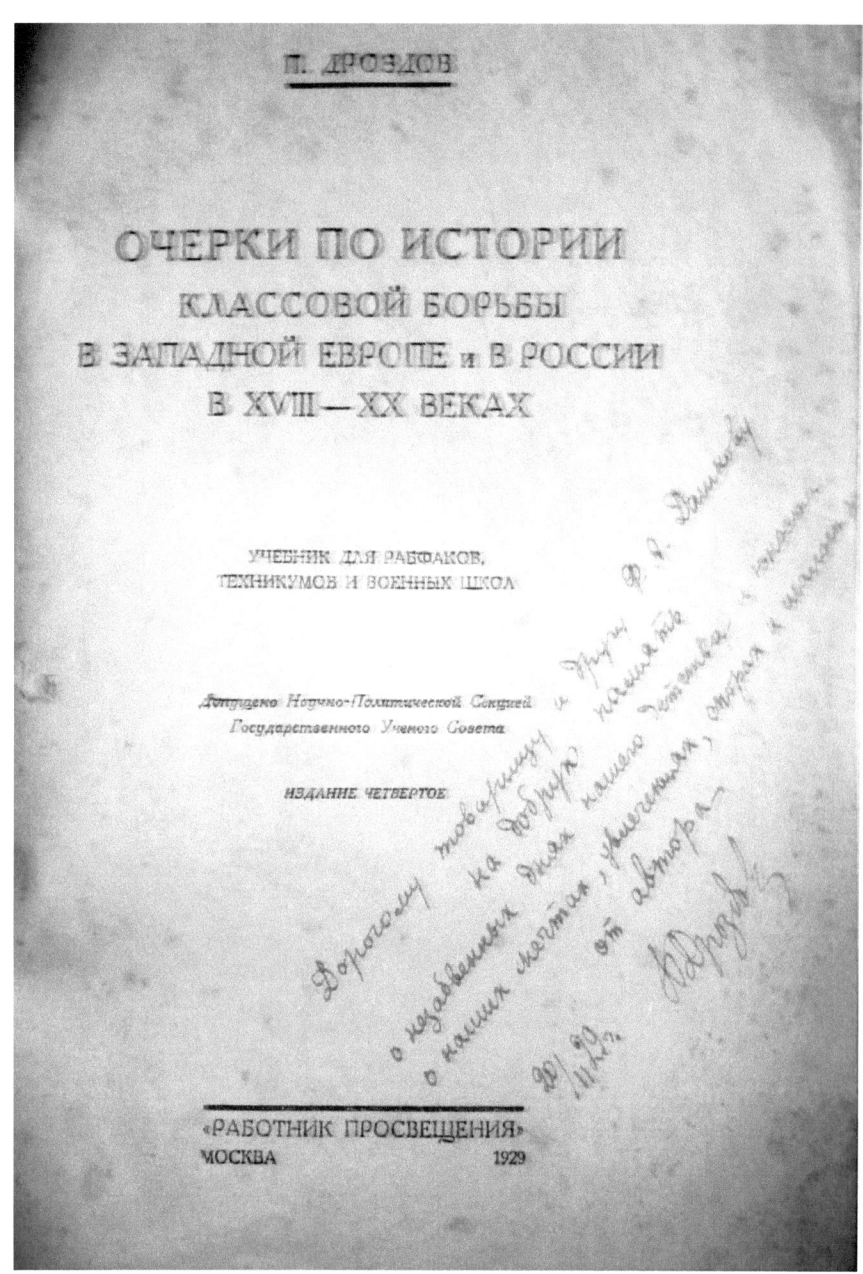

П. ДРОЗДОВ

ОЧЕРКИ ПО ИСТОРИИ КЛАССОВОЙ БОРЬБЫ В ЗАПАДНОЙ ЕВРОПЕ и В РОССИИ В XVIII—XX ВЕКАХ

УЧЕБНИК ДЛЯ РАБФАКОВ, ТЕХНИКУМОВ И ВОЕННЫХ ШКОЛ

Допущено Научно-Политической Секцией Государственного Ученого Совета

ИЗДАНИЕ ЧЕТВЕРТОЕ

«РАБОТНИК ПРОСВЕЩЕНИЯ»
МОСКВА   1929

Ф. А. Дашкову

Светает, товарищ! Работать давай!
Работы усиленной требует край!
Работы руками, работы умом,
Работы без отдыха ночью и днем!

Милый Федя!

Не сердись на меня, дорогой мой, что тебе пришлось мне напомнить о моем долге прислать тебе книгу. Я, ведь, обещал это сделать и всё время помнил обещание, но когда книга вышла, я забыл твой адрес и, виноват перед тобой, не принял достаточно энергичных мер, что бы адрес узнать. Нынешней осенью я был в Касимове, пытался тебя увидеть, но обстоятельства сложились так, что я не смог этого сделать. Может быть летом буду в Касимове и тогда приму все меры, чтобы с тобой встретиться. Серно хочется побеседовать с тобой, вспомнить старину. Может быть ты весной вздумаешь посмотреть Москву, тогда приезжай прямо ко мне.

Крепко жму твою руку

20/III 19 г.
В. Богдан

Пиши о своем житье бытье.

Я живу сносно. Работаю в Университете им. Свердлова. Состою там профессором русской истории.

Printed by Libri Plureos GmbH in Hamburg, Germany